AF362704

Le Trespas, & ordre

DES OBSEQVES, FVNE-

railles & enterremét de feu de tresheureuse memoire le Roy Henri deuxieme de ce nom, Tres-
chrestié, Prince belliqueux, accompli de bonté,
l'amour de tous estats, prompt & liberal, secours
des affligez.

PAR

LE SEIGNEVR DE LA BORDE

Francois de Signac, Roy d'armes de Dauphiné.

A PARIS,
DE L'IMPRIMERIE DE ROBERT ESTIENNE.
M. D. LIX.

Auec Priuilege de la Court.

LE TRESPAS, OBSEQVES,
FVNERAILLES, ET ENTERREMENT,
de feu de tresheureuse memoire le Roy Henri ī ī de ce nõ.

E vendredi dernier iour de Iuing mil cinq cens cinquante neuf ledict Seigneur ayant esté blessé en vn tournoy d'vn contrecoup de lance sus l'œil droict, & apres auoir receu tous les sacremens de l'Eglise en tresgrande deuotion, & faict catholique confession, & protestation de sa foy, trespassa aux Tournelles a Paris (au grand regret, non seulement de tous ses subiects & seruiteurs, mais de tout le peuple Chrestien) le lundi dixieme iour de Iuillet ensuyuant, a vne heure apres midi, de son aage le quarantieme an, trois mois dix iours, & de son regne le treizieme.

Estant ledict Sieur trespassé, Mõseigneur le Duc de Montmorenci, Pair, Connestable & Grãd maistre de France (par le commandement du Roy qui est à present, & de la Royne sa mere, & selon le deu de sondict office & estat de Grand maistre) print la charge d'accompaigner le corps, & de faire faire ses obseques & funerailles.   Aussi tost feit entrer en la chambre ou estoit le corps, quarãte huict religieux

a.ij.

des quatre ordres Mãdiennes, Carmes, Auguſtins, Iacobins & Cordeliers, ſçauoir eſt douze de chacũ deſdicts ordres, pour cõmencer a faire prieres pour le defunct Roy. Et incontinent apres fut ordõné que ordinairemẽt aſſiſteroyent pres du corps deux Eueſques, quatre Abbez, quatre Aumoſniers d'vn coſté du lict: & de l'autre coſté, deux Cheualiers de l'ordre, huict Gentilshommes de la chambre, quatre Gentilshommes ſeruans, & deux Vallets de chã bre: qui de deux heures en deux heures ſeroyẽt chã gez par pareil nombre de leurs cõpagnons. Et y en auoit tel nõbre lors pres dudict Seigneur, qu'ils ne y aſſiſtoyẽt en vingtquatre heures, que deux heures.

Le mardi lendemain du treſpas, vnzieme iour du dict mois, furẽt aſſemblez tous les docteurs en me decine, & les chirurgiens du defunct Roy, pour ꝓceder à l'ouuerture & embaſmemẽt de ſon corps: lequel depuis la mort auoit demouré ſus le lict mortuaire a la veüe de chacun le viſage deſcouuert.

Le corps embaſmé, les Gentilshommes de ſa chã bre l'enſeuelirent, & poſerent dedans vn cercueil de plomb, couuert d'vn autre cercueil de bois ma ſtiqué aux ioinctures: & ledict cercueil de bois de rechef couuert de veloux noir, à vne grande croix de ſatin blanc: & icelle couuerture de veloux colée, & clouée de menus clous noirs, auec huict anneaux de fer, attachez quatre de chacun coſté, pour aider à plus aiſeemẽt porter ledict corps & cercueil, qui eſtoit de ſix grands pieds de long.

Le corps ainſi enſeueli, & poſé en ſon cercueil,
les entrailles du defunct Roy furent miſes en vn
vaiſſeau de plomb ſouldé d'eſtaim, en forme d'vn
coffret carré, leſquelles furent la nuict meſmes portées en la ſepulture des Ducs d'Orleans en l'Egliſe
des Celeſtins de Paris.

Le ieudi treizieme iour dudict mois de Iuillet, le
cueur dudict feu Sieur Roy, hónorablemét embaſmé, fut poſé dedãs vn cercueil de plomb, d'vn pied
en carré : deſſus la couuerture duquel eſtoit graué,
I C I giſt le cueur de H E N R I, par la grace de Dieu
ſecond de ce nom, Roy de France Treſchreſtié, qui
treſpaſſa aux Tournelles de Paris le dixieme iour de
Iuillet, l'an de grace mil cinq cens cinquante neuf.

Puis eſtant porté ledict iour au matin dedans vne
chapelle du cloiſtre des Celeſtins, fut à quatre heures apres midi tranſporté proceſsionnellement de
ladicte chapelle iuſques au grand autel de ladicte
Egliſe, deuant lequel eſtoit muré vn caueau : au milieu d'iceluy eſtoit plantée vne colomne de pierre,
ſus laquelle eſtoit emboiſtée vne autre pierre carrée
de telle carrure comme le cercueil dudict cueur : lequel fut porté depuis ladicte chapelle ou il auoit re-
poſé, iuſques audict grand autel, par Monſeigneur
le prince de Condé, Loys de Bourbon, prince du
ſang, ayant vn carreau de drap d'or frizé ſur ſes
deux bras, ſus lequel eſtoit appoſé le vaiſſeau dudict cueur : & deſſus iceluy vaiſſeau eſtoit eſtédu vn
voille de tafetas noir trainant en terre des deux co-

ſtez. Et deſſus ledict Prince portant le cueur eſtoit vn poiſle de veloux violet azuré, ſemé de fleurs de lis d'or, plus plein que vuide, porté par les Seigneurs de ſainct André Mareſchal de France, de Chaſtilló Admiral de Fráce, du Cóte de la Roche-Foucault, & du Seigñr Deſtrée, maiſtre & capitaine general de l'artillerie de France, cheualier de l'ordre : marchans deuát ledict poiſle les religieux deſdicts Celeſtins, apres eux pluſieurs Abbez, Aumoſniers dudict feu Sieur, Eueſques, & Archeueſques veſtus de leurs rocquets, Grád Aumoſnier, Maiſtre de l'Oratoire, & de la Chapelle, & Chantres, ayans au coſté d'eux l'ordre de deux cens torches portées par les Gentilshommes de la chambre, Eſcuyers d'eſcuirie, Gentilshommes ſeruans, Gentilshommes de la maiſon, & pluſieurs officiers domeſtiques dudict feu Sieur. Et alentour du poiſle, Meſſeigneurs les Reuerendiſsimes Cardinaux de Bourbon, de Chaſtillon, de Stroſsi & de Guiſe, en leurs rocquets accouſtumez en tel cas. Et apres ledict poiſle, la plus gráde partie des cheualiers de l'ordre, ayans tous le collier dudict ordre : marchans apres eux les Capitaines des gardes, & leurs archers. Et arriuás deuát ledict grand autel, fut par les Chantres dudict feu Sieur chanté pluſieurs Cantiques en muſique, le *Libera & De profundis*. Pendant leſquelles ledict poiſle fut arreſté ſus ledict caueau, & ledict Prince portant le cueur deſſoubs iceluy. Autour duquel caueau eſtoyent les Rois, & Heraux d'armes dudict Sieur :

l'vn defquels defcendit audict caueau,& apres les re
uerences faictes, receut le cueur des mains dudict
Prince,& le baifant auecques grandes reuerences le
meit repofer fus ladicte pierre carrée,afsife fus la co
lomne deuāt dicte.   Et les oraifons & fuffrages du
grand Aumofnier acheuées, & la foffe clofe,cha-
cun fe retira.

Epuis que le corps fut embafmé
& enfepueli,il demoura en fon cer
cueil dedans fon lict mortuaire,ri-
chement couuert d'vne couuerture de drap d'or frizé, & tendu d'vn
ciel foncé auec pentes de mefmes:
aux pieds duḡl eftoit paré vn petit banc couuert de
drap d'or,fus lequel eftoit appofée la croix d'or & le
benoiftier pour les Prīces, Euefques, Cheualiers de
l'ordre,Gétilshommes de la chambre,& de fa mai-
fon.Aux deux bouts duquel bāc, deux torchouers,
ou eftoyent deux grands cierges de cire vierge du
pefant de fix liures piece. Et deuant lefdicts cierges
auxdeux coings dudict bāc,eftoyét deux efcabeaux
parez de drap d'or, fus lefquels furent afsis conti-
nuellement deux Rois d'armes dudict feu Sieur, re-
changeans de deux heures en deux heures.Et deuāt
lefdicts Rois d'armes vn efcabeau pour le benoiftier du commun.

La chambre eſtoit tapiſſée de riche tapiſſerie à grands perſonnages releuez de fil d'or & d'argent, de la parure dudict lict : le parterre de laquelle fut de tapis de Turquie excellentement ouurez.

De l'vn des coſtez dudict lict eſtoit dreſſé vn banc couuert de drap d'or, deux chaizes de meſmes au deſſus dudict banc, pour aſſeoir Meſsieurs les Cardinaux, Archeueſques, Grand Aumoſnier, Eueſques, Maiſtres de la chapelle & oratoire, & autres Prelats, & Maiſtres des requeſtes ordinaires de l'hoſtel dudict Seigneur: Et derriere, vn autre banc pour les Aumoſniers : Et vn peu a coſté deux bancs pour aſſeoir les quatre ordres de Mandiens qui pſalmodioyent l'vn apres l'autre ordinairement.

Et de l'autre coſté dudict lict, fut paré vn banc auſsi couuert de drap d'or, & au deſſus deux autres chaizes parées de meſmes, pour aſſeoir les Princes du ſang, Conneſtable, les Mareſchaux de France, Cheualiers de l'ordre, & Gentilshommes de la châbre: Et derriere eux, vn ſecond banc, pour les Gentilshommes ſeruans : Et vn autre derriere, pour les Vallets de chambre.

Des deux coſtez du lict pres le cheuet furent dreſſez les deux autels, tant de la grande chapelle que de l'oratoire dudict feu Sieur : ſus chacun deſquels eſtoit vn ders de veloux noir à bandes & cordons mipartis de blanc & noir: L'vn ſeruoit pour la grãd' meſſe de Requiem en muſique, & l'autre pour la meſſe de l'oratoire. Et outre leſdictes meſſes, ſe di-

ſoyent

ſoyent chacũ iour quatre grãdes meſſes auant ladi-
ⅽte meſſe de muſique:a ſçauoir par les Cordeliers &
Iacobins deux grãdes meſſes de Requiẽ, alternati-
uemẽt par les Carmes & Auguſtins : Et par les chãtres & chapelains de la chapelle de plein chant,
deux grandes meſſes, l’vne de Requiem, & l’autre
du iour. Qui ont eſté continuées, & veſpres ſemblablement, tant en ladicte chambre dudict defunct
Roy, que eſtant en ſon lict d’honneur, & ſus les treteaux en dueil . Auſquelles ont touſiours aſſiſté
Meſſieurs le Grand & premier Aumoſnier, & Maiſtres de la chapelle & oratoire, qui ont ſerui ledict
feu Sieur du liure & du corporalier, comme ſ’il euſt
eſté viuant, ſon ſiege y eſtant pour ce faire preparé.
Auſſi y ont aſſiſté ordinairement ledict ſieur Conneſtable, Meſſieurs le Mareſchal de ſainct André,
de Boiſy grand eſcuyer, & pluſieurs Cheualiers de
l’ordre . Et chacun iour depuis le decez ſe diſoyent
cent meſſes baſſes, tãt audicts autels, que autres autels qui furent dreſſez audict lieu des Tournelles.

Le mardi dixhuictieme iour de Iuillet Monſeignr̃
le Duc de Sauoye, qui eſtoit en France lors du decez
dudict feu Sieur, & ſ’en retournoit deuers le Roy
d’Eſpaigne qui eſtoit en Flandres, ayant vn grand
manteau de dueil bailla l’eaue beneicte au corps:
Et eſtoit acompaigné de Monſieur le prince d’Orã-
ge, & autres grands Seigneurs de la maiſon du Roy
d’Eſpaigne.

Apres que le corps dudict Sieur eut eſté ainſi hõ-

b.j.

noré en sa chãbre, & lict mortuaire l'espace de dix-
huict iours, il fut descendu, & porté en la grand'
salle ou estoit son grand lict d'honneur, le vendredi vingthuictieme iour dudict mois de Iuillet, enui
ron six heures du soir, par les Archiers du corps dudict feu Sieur. Au transport duquel furent presens
Mõsieur le Mareschal de S. André, plusieurs Cheua
liers de l'ordre, les Euesques de Meaux grãd aumos
nier, d'Eureux, de Soissons maistre de l'oratoire, &
autres en leurs habits pontificaux, accõpaignez de
l'Abbé de Cormery maistre de la chapelle, & de
plusieurs autres Abbez, aumosniers, & chãtres chã-
tãs suffrages & oraisons: Aussi ledict corps accompaigné de plusieurs Gentilshõmes de la chambre,
Gentilshõmes seruans, Capitaines des gardes, leurs
archiers & officiers domestiques, portans torches
iusques a cinquante. Et arriué a ladicte salle fut posé
dedans le lict d'honneur soubs l'effigie, laquelle sera
descripte cy dessous, ensemble le lict d'honneur.

LA SALLE D'HONNEVR.

L A salle d'honneur estoit assise dedans le parc du logis des Tournelles de la lõgueur de vingt toises en
œuure, & de largeur, sept toises en
œuure. A l'entrée d'icelle vn portique enrichi de peinctures, auec-
ques deux aduenues des deux costez pour entrer en
la grande porte de ladicte salle, deux retraictes ou

chambrettes aux deux coftez de la porte. Sus le milieu de ladicte falle fe trouuoyent de chacun cofté
comme deux demi theatres, reduicts a la proportió
de la falle, fouftenus du cofté de ladicte falle de quatre colomnes chacun : Eftát allumée ladicte falle de
deux grandes croifées de chacun cofté, & les deux
theatres, de cinq grandes croifées auffi chacun, le
tout fermé & rempli de vitres. Au bout hault de ladicte falle, eftoit vn tribunal de quatre marches de
haulteur, fus lequel fut dreffé le lict d'honneur. Et
aux deux coftez d'iceluy tribunal vers les coings
eftoyent deux faillies de la falle en forme de deux
chambres, ou portiques : En chacune defquelles e-
ftoit eftablie vne garde Efcoffoife, l'vne pour faire
paffer & fortir de ladicte falle le peuple qui entroit
par la grande porte, & qui venoit donner l'eaue beneicte au corps : & l'autre pour feruir de paffage à
módict Sieur le Cóneftable, Cheualiers de l'ordre,
& grands Seigneurs qui affiftoyent aux feruices.

Ladicte falle, enfemble lefdicts theatres eftoyent
tendus tout autour d'vne tapifferie d'or & de foye
à grandes figures des Actes des Apoftres : & là ou les
pieces de la riche tapifferie ne pouuoyent eftre efté-
dues de leur largeur, ce qui reftoit eftoit tendu de
veloux violet femé de fleurs de lis d'or : Et le fons plá
chier de ladicte falle eftoit tédu d'vne tapifferie mi-
partie d'or & d'argent, chacun partiment d'vn lez
entier. Au furplus le parterre d'icelle falle, & theatres collateraux eftoyent nattez. Et d'abódant, l'en-

b.ij.

uiron & circuict du lict d'honneur estoit paré de riches tapis de Turquie.

LE LICT D'HONNEVR.

Vs le tribunal de quatre marches erigé au hault bout de la salle, cóme il a esté cy dessus declaré, fut dressé vn grand chaslit de neuf pieds en carré (de telle haulteur qu'il y auoit trois marches des deux costez, & au bout des pieds : chacune marche d'vn pied) ayāt vn riche ciel ou ders attaché au fons de ladicte salle, outrepassant demi pied chacun costé dudict chaslit : sus lequel estoit vne paillace & vn cheuer, & par dessus la paillace & cheuer estoit estédu vn grand drap de fine toille de hollāde a la quátité de trente cinq aulnes de Paris, duquel les quatre coings surpassoyent les trois marches, & trainoyét sur le plan dudict tribunal. Et dessus iceluy drap de hollande, estoit estendu vn grand drap d'or frizé & diapré, ayāt vn bord de pied & demi de largeur, d'vn veloux violet azuré, semé de fleurs de lis d'or à paremens d'hermines, & trainant de tous costez iusques au bas dudict drap de hollande, dont il demouroit seulement demi pied outrepassant ledict drap d'or.

Essus ladicte couuerture de drap d'òr frizé, fut apposée l'effigie du defunct Roy, ayât les mains ioinctes : laquelle estoit vestue en premier lieu d'vne chemise de toille de hollande bordée au col & aux manches d'ouurage fort excellent. Secondement dessus la chemise fut vestue vne camisolle de satin rouge cramoisi doublee de tafetas de mesme couleur, & bordée d'vn petit passement d'argent tout alentour, qui couuroit les bras iusques a la main, & les iabes iusques à quatre doigts pres de la cheuille des pieds. Tiercement fut vestue d'vne tunique de satin violet cramoisi semé de fleurs de lis d'or en riche broderie, aueques vn passement d'or & d'argét de quatre doigts de large, les manches iusques au dessoubs du coulde, de sorte qu'il se pouuoit voir enuiron quatre doigts de ladicte camisolle, & la longueur d'icelle tunique paruenant iusques à la moictié des iabes au dessoubs des genoux : lesquelles estoyét chauslees de sandalles dictes brodequins de toille d'or, ayãs la semelle de satin cramoisi. Et par dessus le tout fut quartement vestue d'vn grand manteau Royal de veloux violet cramoisi semé de fleurs de lis d'or, contenant de lógueur tát au corps comme a la queue, six aulnes de Paris : lequel manteau faict sans manches estoit ouuert deuant à vn

b.iij.

collet renuerſé de la longueur d’vn pied, & fourré
d’hermines, & ſus le collet dudict manteau eſtoit
aſſis le collier de l’ordre du Roy. D’auantage deſſus
la teſte auoit vn petit bonnet de veloux cramoiſi
brun, ſus lequel eſtoit appoſée la couronne Royalle
cloſe à l’Imperiale, releuée d’vn carreau de drap d’or
frizé & diapré : Et aux deux coſtez de la teſte, deux
autres carreaux autant riches que celuy de deſſoubs
la teſte, ſus l’vn deſquels eſtoit poſé le ſceptre Royal
au coſté droict, & ſus l’autre, la main de Iuſtice du
coſté gauche. Semblablement vn autre carreau de
pareille richeſſe pour ſouſtenir les pieds.   Et au
coing dudict lict d’honneur eſtoit vne chaize du co
ſté droict couuerte de drap d’or, & dedans icelle vn
riche carreau de meſmes : Et au bas d’iceluy lict d’hó
neur vn eſcabeau couuert de drap d’or, ſus lequel
fut aſſiſe la croix : Et vn peu plus bas d’iceluy en e-
ſtoit vn autre, ſus lequel eſtoit le benoiſtier : Et aux
deux coings d’iceluy eſcabeau, deux petites ſelles
couuertes de drap d’or raz, deſſus leſquelles eſtoyét
cótinuellemét aſſis deux Rois d’armes. Et aux deux
coings du pied du lict furét deux gráds torchouers
d’argent, deſſus leſquels ardoyent ordinairement
cierges de cire vierge, chacun d’iceulx de ſix liures
peſans : & huict autres aux coſtez dudict lict, de
quatre liures chacun. Et le long de ladicte ſalle des
deux coſtez, des formes couuertes de drap d’or raz,
pour aſſeoir d’vn coſté Meſſieurs les Archeueſques
& Eueſques, abbez & aumoſniers : & de l’autre co-

ſté, Meſſieurs les Cheualiers de l'ordre , Gentilshõmes de la chambre, Gentilshommes ſeruans: Et der
riere, autres formes pour les Vallets de chãbre, & officiers : & au deſſus deſdictes formes, les chaizes deuant dictes.

Deux autels ſus chacun theatre, parez, à ſçauoir
le grand autel, ou ſe diſoit la meſſe de Requiem en
muſique, eſtant au coſté droict, du Treſpaſſement
Noſtre dame, & au bas de l'image de ſainct Frãçois:
le tout faict en bordeure cõponnée d'or & d'azur,
l'azur ſemé de fleurs de lis d'or, & ſur l'or pluſieurs
F couronnées & Salemandres d'or à chacun des
quatre coings. Le poiſle eſtant deſſus ledict autel
eſtoit de drap d'or fort riche , & les franges de
meſmes.

Le ſecond autel ou ſe diſoyent les quatre grandes
meſſes deſſus declairées, d'vn Crucifix, la Vierge
Marie, & la Magdelaine , tapiſſé de Cherubins : Et
au bas d'vn coſté, de Ieſus Chriſt en ſa maieſté, & de
l'autre, de la vierge Marie, auſſi à Cherubins, le tout
de veloux cramoiſi diapré, la bordeure d'or & d'argent: aux quatre coings les armes de France, l'ordre
dudict Sieur autour, & la couronne Royalle cloſe
à l'Imperiale. Le poiſle eſtant deſſus eſtoit de ve-
lóux noir à bandes d'argent.

Et entre leſdicts deux autels, eſtoyent leſdicts Iacobins, Cordeliers, Carmes, Auguſtins, & Chapelains de la chapelle de plein chant, pour pſalmodier
ordinairement, & aſſiſter aux veſpres chacun iour

b.iiij.

par lefdicts Chapelains auecques les Chantres dudict feu Sieur Roy.

De l'autre cofté à l'autre theatre, deux autels pour
dire meffes baffes:le premier eftãt paré des Stations
de la paffion noftre Seigneur en rondeaux d'or fur
vn champ de fatin cramoifi, la bordeure de drap
d'or : Et au bas dudict autel de mefmes fatin, deux
chapeaux de drap d'or, ou eftoyent affifes les armes
de defuncte Princeffe Madame Loyfe de Sauoye,
mere du defunct Roy Frãçois:au milieu vne Refur
rection de mefmes, & vne porfileure d'or deffus le
fatin: le poifle deffus ledict autel, de drap d'or, les
pêtes de foye rouge & blãche.   Et l'autre autel par
hault, de veloux noir, vn Crucifix, Noftre dame,
fainct Iehã, & la Magdaleine, quatre efcuffons aux
armes de France, l'ordre & couronne Royalle clofe
à l'Imperiale, le tout d'argent en diapreure de noir:
Aux quatre coings vne H, & par bas de veloux
noir, vne Noftre dame de pitié, S. Iehan, la Magdelaine : le tout faict à fil d'argent & d'or, la bordeure
comme cy deffus. Le poifle de veloux noir ouuré &
frangé d'argent & fable.

Le famedi matin vingtneufieme dudict mois de
Iuillet ledict Sieur fut mis en fon lict d'honneur ac-
couftré & paré comme deffus eft dict, & y demoura fixiours entiers : durant lefquels ledict feu Sieur
Roy pres de fon corps & effigie eftoit ordinairemêt
ferui de viãdes fus fa table par fes Maiftres d'hoftel,
Pannetiers, Efchançons, Vallets trenchans, Officiers,

ciers, Aumofniers : & l'ordre gardé tout ainfi que fi ledi&t Sieur Roy euft efté viuant : tant en effais, *Benedicite*, graces à Dieu, que autres chofes quelfconques:Et d'auantage par ledi&t Grand aumofnier, vn *Libera & De profundis*, & la viande pour les pauures.

Auquel feruice affiftoyent mondi&t Sieur le Cóneftable, Marefchaux de fain&t André, & de Termes,de Boify grád efcuyer, plufieurs Cheualiers de l'ordre,ayans le collier de l'ordre fus leur dueil, Gétilshommes de la chambre, & Officiers dudi&t feu Sieur : & quelques fois Princes & princeffes, gentilshommes,bourgeois,dames,damoifelles,& peuple de Paris.

Le dimanche penultime iour dudi&t mois de Iuillet durant la grand'meffe de Requiem en mufique folemnellement di&te par vn Euefque, affifté & ferui de notables Prelats : noftre Maiftre le Danois do&teur en Theologie feit vn fermon à la louáge & gloire de Dieu noftre grand Pafteur, & à l'hóneur dudi&t feu Sieur noftre pafteur terrien.

Et le vendredi quatrieme iour du mois d'Aouft & famedi cinquieme iufques à vefpres,a efté continué le feruice pour ledi&t defun&t Roy en meffes & vefpres aux Celeftins, ou afsiftoyent mondi&t Sieur le Conneftable,& autres deffusnommez:& ce en attendant que la falle d'honneur fuft deftendue & retendue en dueil.

c.j.

Out le portique & entrée de ladicte
salle à esté entierement peinct de
noir, & au hault dudict portique
deux lez de drap noir, & autant de
veloux, enrichi de grands escussons
aux armes de France, la couronne
Royalle close à l'Imperiale:côme aussi ont esté tous
les escussons, qui seront cy apres nommez. Au milieu duquel portique estoit vn grand escusson de riche broderie : Et toute ladicte salle, tant hault que
bas, plancher & costez ont esté entierement tendus
de drap noir, ensemble les theatres: Et dessus ledict
drap par hault deux ceinctures de veloux noir, ou
ils se sont peu mettre, chargées d'escussons de France, de deux pieds en deux pieds : Et deuant les croi-
sées estoyent rideaux de tafetas noir pour empes-
cher le iour en ladicte salle.

Dessus le theatre à dextre, ou se disoyent les grãdes messes & vespres, & ou assistoyent les religieux,
furent dressez deux autels pour dire les quatre gran
des premieres messes: & sur l'autre, vn autel pour dire messes basses : & au hault de ladicte salle, sus le
tribunal, vn autre autel pour dire la grand' messe de
Requiem en musique. Tous lesquels autels furent
parez de veloux noir, vne croix de satin blanc, quatre escussons faicts à broderie aux armes de France,
la couronne Royalle close à l'Imperiale, & l'ordre

dudict feu Sieur Roy autour: Lefdicts autels garnis
de croix, chandeliers, & autre argenterie requife au
feruice diuin. Deffus lequel autel ou fe difoit la grãde meffe en mufique fut vn ders de veloux noir cou
uert plus plein que vuide de riche broderie d'or, &
les pentes de fil d'or & de foye.

LE CORPS EN DVEIL SVS
les treteaux.

E famedi cinquieme iour dudict
mois d'Aouft à deux heures apres
midi, fut le corps mis fus les treteaux, & vefpres dictes en ladicte
falle, côme on auoit accouftumé,
chacun en dueil, les Cheualiers
de l'ordre ayans le collier de leur ordre, & les Euefques leurs roquets.

Au deffoubs du tribunal ou eftoit le lict d'honneur, & enuiron vn tiers au dedans ladicte falle fut
dreffé vn parc de bois peinct de noir, de dix pieds
de long, & neuf de large, ou furent mis quatorze
gros cierges de cire blanche, de quatre liures chacũ,
inceffamment ardans, & hors du parc aux coings
quatre gros cierges de fix liures chacun : & autour,
douze pareils cierges que ceux de deffus ledict parc.

Au milieu duquel parc fus treteaux fut mis & po-
fé le corps dudict feu Sieur Roy, de haulteur(com-
prins le cercueil)d'enuiron cinq pieds, couuert d'vn
grand poifle de veloux noir, croifé de fatin blanc,

c.ij.

trainant de toutes parts en terre , auec quatre efcuffons faicts à broderie aux armes de France , la couronne Royalle clofe à l'Imperiale, & l'ordre dudict
Sieur autour:Et deffus ledict poifle de veloux eftoit
vn grand poifle de drap d'or frizé & diapré , ou fut
mis & attaché autour d'iceluy vn lez de veloux vio
let azuré , femé de fleurs de lis d'or , vne bordeure
d'hermines large de deux poulfes.

Sus ledict poifle & biere eftoit au chef vn lóg carreau de drap d'or , & deffus iceluy vn autre moyen
carreau de mefmes drap d'or,deffus lefqls eftoyent,
afçauoir deffus le long carreau, le fceptre & la main
deIuftice:le fceptre à la dextre,& la main de Iuftice,
à feneftre : & fus ledict moyen carreau,la couronne
Royalle fort riche , clofe à l'Imperiale : Et le collier
de l'ordre dudict feu Sieur Roy eftoit deffus vn autre carreau , aufsi de drap d'or,vn peu au deffous du
carreau qui portoit la couronne.

Aux pieds de ladicte biere hors du parc eftoit vn
petit banc pour la croix,au deffous vn autre pour le
benoiftier:Et aux deux coftez dudict benoiftier fus
deux petites felles eftoyent afsis deux Rois d'armes,
lefquels de deux heures en deux heures fe releuoyét
par autres leurs compaignós:lefquelles chaizes,en-
femble les bancs & felles deffufdictes furent couuer
tes de drap noir:& au deffus d'icelle biere y auoit vn
grand ciel de veloux noir enrichi de gros cordon
d'or frangé de foye noire,les franges de fil d'or.

Le dimanche fixieme iour dudict mois d'Aouft,

la derniere & haulte meſſe fut ſolemnellement celebrée par vn Eueſque, ſerui & aſsiſté de venerables
prelats: Et ou pareillemét aſsiſterent pluſieurs Cheualiers de l'ordre, Eueſques, Gentilshómes, & grád
nombre d'officiers & gens d'eſtat de la ville de Paris: Apres l'Euangile de laquelle fut faict vn ſecond
ſermon cótinué ſus l'argument du premier à la lou-
ange & gloire de Dieu, & à l'honneur des vertus du
dict feu Sieur Roy.

E Roy eſtant parti de S. Germain
en Laye le ſamedi precedent, & ce
meſme iour arriué à Paris en l'hoſtel de Guiſe, vint le ſuſdict iour de
dimáche ſixieme dudict mois en
la maiſon de Lignery pres le parc
des Tournelles, à fin de prendre en icelle ſon grand
manteau de dueil de couleur violet, qu'on luy auoit
preparé: Pareillement les Princes qui portoyent le
grand dueil auecques luy, & ceulx qui portoyent
les queues de ſondict manteau funebre, & pluſieurs
autres Princes & Cheualiers de l'ordre, de ſa ſuyte.

La maieſté duquel eſtant veſtue de ſondict manteau, le chapperon en forme, ſemblablemét les Prin
ces du grand dueil eſtans veſtus de leurs grans man
teaux, & chapperons en forme, à ſçauoir Meſſei-

c.iij.

gneurs les Ducs d'Orleans & d'Angoulefme fes fre-
res, & Duc de Lorraine fon beau frere : ayāt les cinq
queues de fondict manteau portées par Meffeignŕs
les Duc de Montpenfier & Conte Daulphin d'Au-
uergne fon fils, Prince de la Roche-furió, & le Marquis de Beaupreau fon fils, & Duc de Guife : affiftās
aux deux coftez dudict Sieur Roy, Meffeigneurs les
reuerēdiffimes Cardinaux de Lorraine, & de Bourbon : partit fadicte maiefté de ladicte maifon, paffāt
auecques ceux qui l'accompaignoyēt au trauers du
parc des Tournelles, pour aller en la falle funebre
en la forme & maniere qui fenfuit :

Apres deux heures fonnées commença à marcher
vn rang de Gentilshómes domeftiques des princes.

Marcha vn rang des Enfans d'honneur.

Apres ce rang marcherent les Gétilshommes fer-
uans, & Efcuyers d'efcuirie.

Les Gentilshommes de la chambre.

Quatre Cheualiers de l'ordre, ayans le collier de
leur ordre.

Le Seigneur Domp Loys d'Eft, de la maifon de
Ferrare, marchant feul.

Deux huiffiers de la chambre portans les maffes.

En ceft endroict marcha la perfonne du Roy, afsi
fté des Cardinaux, & les queues de fon manteau
portées comme il eft dict deffus.

Apres la perfonne du Roy marcherent Meffeigneurs les Ducs d'Orleans à dextre, & d'Angoulefme à feneftre : ayant les queues de leurs māteaux de

grand dueil fupportées, celle de mondict Sieur le
Duc d'Orleans par le Sieur de Cypierre fon gouuer
neur: & celle de mondict Sieur le Duc d'Angoulefme, par le Sieur de Carnaualay fon gouuerneur:
Mefdicts fieurs Ducs d'Orleans & d'Angoulefme
afsiftez de Mefsieurs les reuerédifsimes Cardinaux
de Chaftillon & de Guife.

Apres ce rang marchoit Monfeigneur le Duc de
Lorraine en prince du grand dueil, ayant la queue
de fon grand manteau fupportée par vn gentilhó-
me de fa chambre.

Et aux deux coftez dudict Sieur Duc de Lorraine
marchoyent mefsieurs les Ducs de Nemours à dex
tre, & de Neuers à feneftre.

Marcherent apres quatre autres Princes, deux au
milieu, & deux aux deux æfles: les deux du milieu,
Monfieur le grand Prieur de France à dextre, & le
Seigneur Ludouic de Mantoüe à feneftre: Mon-
fieur le Marquis d'Albeuf à la dextre collaterale, &
Mófieur le Duc d'Eftampes à la feneftre collaterale.

Apres ces quatre Princes marchoit le Sieur de Po-
ton Senefchal d'Agenes, comme capitaine de la gar
de qu'auoit le Roy, eftát Roy-Daulphin: fuyui des
archers de ladicte garde. Tous les deffufnommez
en dueil, chapperon en forme.

c.iiij.

D V costé des Ecclesiastiques estoi
en vne chaize Monsieur le reuerendissime Cardinal de Sens : &
au dessous de luy sus le bãc cy deuant nommé estoyent assis plusieurs Euesques mittrez aueques
chappes de veloux noir:Et derriere eux sus vn autre
bãc,vn grand nombre d'Abbez, Aumosniers, Chãtres & Chapelains dudict feu Sieur en leurs habit
accoustumez.

Du costé des Princes, & Seigneurs temporels, e-
stoyent assis Messeigneurs les Connestable, Duc
d'Aumale, Mareschaux de France, & Cheualiers de
l'ordre,& grand nóbre ayãs le collier dudict ordre.

Au dessous desdicts Princes , & Cheualiers de
l'ordre,estoyent assis Messieurs les Gentilshommes
de la chambre,& apres eux les Gentilshommes seruans dudict feu Sieur Roy:Et derriere eux sus vn au
tre banc,les Docteurs en medecine,Vallets de chãbre,Chirurgiẽs,Apoticaire,Vallets de garderobbe,
& les menus officiers domestiques : tous en robbes
de dueil,chapperon en forme.

Apres que les Cheualiers de l'ordre & Gentilshommes de la chambre eurent prins leurs sieges vis
à vis les Archeuesques, Euesques & autres Prelats,

dix des

dix des Rois d'armes dudict feu Sieur, arriuans en
troupe, reueſtus de leurs cottes d'armes ſe tindrent
debout au milieu de la ſalle, cinq d'vn coſté, & cinq
d'autre, commenceans leur rang vn peu au deſſous
de leurs compaignons qui eſtoyent aſsis aux pieds
du corps dudict Sieur.

Et au deſſous des Rois d'armes, eſtoyent imme-
diatemẽt debout vne meilleure partie des cent Gẽ-
tilshommes tenãs leurs haches d'armes : Et du meſme rang les Capitaines des gardes, leurs lieutenans,
& partie des Archers de la garde, faiſans haye iuſques à la porte : Dehors laquelle eſtoyent deux autres rãgs, l'vn des Suiſſes, & l'autre du reſte deſdictes
gardes, à raiſon qu'ils ne pouuoyent entrer en rang
en ladicte ſalle : Et à l'extremité deſdicts Suiſſes e-
ſtoit le Preuoſt de l'hoſtel, ſes lieutenans & archers
en deux autres rangs. Tous leſquels ordres ſuſdicts
eſtoyent en dueil, le chapperon en forme.

Le Roy arriuant pres de la grand'porte, Monſeigneur le Conneſtable, Grand maiſtre de France,
Chef du cõuoy, accompaigné d'aucuns princes, &
cheualiers de l'ordre qui auoyent touſiours eſté aupres du corps du feu Roy, ſe trouua dedans le portique, pour receuoir ſa maieſté, & apres les reuereces
faictes le conduire vers le corps du feu Roy. Aux
pieds duquel y eſtãt arriué en telle ordre qu'il eſtoit
parti de la maiſon de Lignery, feit trois grandes reuerences, & apres la derniere ſe meit à genoux ſus
vn carreau de drap violet à luy preſenté par Mon-

d.j.

ſieur le Mareſchal de ſainct André, comme premier
Gentilhomme de la chambre dudict feu Sieur : Et
auſſi toſt ledict Sieur Roy releué & conduict pres
du corps receut l'aſperges de la main de l'Eueſque
de Meaux Loys de Brezay grand aumoſnier dudict
defunct Roy, & donna l'eaue beneicte deſſus le
corps dudict feu Sieur Roy ſon pere : Et ledict Sieur
de rechef à genoux ſus vn ſiege preparé, & tous les
Princes derriere luy, feit ſon oraiſon aſſez longue :
durant laquelle meſdicts Sieurs les Ducs d'Orleans
& d'Angouleſme, ſe leuãs de deſſus les carreaux qui
leur auoyent eſté preſentez par deux Rois d'armes,
le Roy d'armes Dauphiné leur preſenta l'aſperges,
& donnerent l'eaue beneicte ſus le corps dudict feu
Sieur Roy leur pere. Et l'oraiſon dudict Sieur Roy
finie s'approcha pres du corps, luy dóna de rechef
l'eaue beneicte, l'aſperges à luy preſenté comme
deſſus.   Cela faict comme il dreſſoit teſte pour re-
tourner, mondict Sieur le Duc de Lorraine donna
l'eaue beneicte au corps, & apres luy tous les autres
princes : excepté ceux qui portoyent les queues du
manteau dudict Sieur Roy.

Le mardi huictieme dudict mois, Meſſieurs les
quatre Preſidés de la Court de Parlemét, & la pluſ-
part des Conſeillers en icelle, auecques leurs huiſſiers, vindrent donner l'eaue beneicte au corps, &
offrir à mondict Sieur le Conneſtable conducteur
dudict conuoy leur ſeruice & debuoir, leſquels il re
mercia. Et autãt en feirent meſſieurs de la chambre

des comptes, Generaux de la Iuftice des aides, Generaux des monnoyes, & eftat de la Iuftice du Preuoft de Paris, Preuoft des marchans & Efcheuins de
ladicte ville.

Le védredi matin vnzieme dudict mois d'Aouft
que le corps fut leué des Tournelles, fut continué le
feruice cóme de couftume, & la derniere meffe de
Requiem en mufique dicte & celebrée par Monfieur l'Euefque de Meaux grand aumofnier, diacre
l'Abbé de faincte Geneuiefue, & foubsdiacre l'Aumofnier d'Effay, & chapiers meffieurs les Euefques
de Chaaló en Bourgoigne, d'Eureux, & de Soiffós.

Le feruice faict, le peuple retiré, & ladicte falle
fermée, Meffieurs les maiftres des Cerimonies dó-
nerent ordre à dreffer l'effigie du Roy fus vne lictie-
re legiere & portatiue couuerte des fufdicts draps
mortuaires de veloux noir & drap d'or frizé : Et par
deffous vn materats & coiffin, vn carreau de drap
d'or, ou repofoit la tefte de l'effigie, & vn autre pareil aux pieds d'icelle : Et au demeurant ladicte effigie habillée & reueftue comme elle eftoit fus le lict
d'honneur, referué qu'elle tenoit en la main dextre
le fceptre Royal, & en la feneftre la main de Iuftice.
Et ainfi mife en ordre fut apportée fous le portique
de ladicte falle à la veüe des afsiftans, & eftats de ladicte ville, lefquels fe trouuerét tous audict lieu des
Tournelles, & paffás par la porte de la maifó de Lignery, marcherent deuant ladicte effigie pour aller
prendre leur rang à la porte des Tournelles qui fort

d.ij.

en la rue sainct Anthoine, lequel leur estoit baillé
par Messieurs les maistres des Cerimonies. Durant
le passage & marcher desquels estats, lesdicts Sieurs
Connestable & Duc de Guise, & plusieurs Cheualiers de l'ordre demeurerent assis des deux costez
de l'effigie, iusques à tãt que le rãg d'icelle se presenta pour marcher, apres que monsieur l'Euesque de
Paris eut dict le *Subuenite* & oraisons accoustumées.

L'ORDRE DV CONVOY A
Nostre dame de Paris.

Archerent premierement le Capitaine, Archiers & Arbalestiers de
la ville de Paris en dueil, portans
torches aux armoiries de ladicte
ville.

Les Minimes, Cordeliers, Iaco-
bins, Carmes, & Augustins, les Vicaires & Chapelains des parroisses aueques leurs croix.

Cinq cens pauures portans chacun vne torche
de quatre liures à doubles armoiries dudict Sieur,
en robbes de dueil, chapperon en forme.

Du long de la ville ou passa le corps estoyent torches aux armoiries de ladicte ville, de toise en toise.

Les vingtquatre Crieurs de ladicte ville de Paris
ayans escussons aux armes dudict defunct Roy deuant & derriere, sonnans leurs clochettes, & faisans
cri aux carrefours & lieux accoustumez, disãs, Priez
Dieu pour l'ame de Treshault, trespuissant, tresver-

tueux & magnanime prince, Henri par la grace de
Dieu Roy de France trefchreftien, deuxieme de ce
nom:en fon viuant Prince belliqueux, l'amour de
tous eftats, accompli de bonté, prompt & liberal,
fecours des affligez, plein de vaillance & d'addreffe.
Et dix iours au parauāt en auoyent autāt faict & dedans le Palais, & par ladicte ville, affignant le iour &
l'heure du tranfport du corps dudict feu Sieur du
lieu des Tournelles, pour eftre conduict à Noftre
dame de Paris & à fainct Denis.

Le guet à cheual, eftant toutesfois à pied.

Les Sergens à verge.

Les Sergens du Preuoft de Paris.

Les Sergens à cheual, eftans toutesfois à pied.

Les aduocats, notaires, cōmiffaires, cōfeillers, Procureur & aduocats du Roy, & Court de Chaftelet.

Les Lieutenans dudict Preuoft de Paris, Criminel
& Ciuil.

Ledict Preuoft de Paris à cheual en houffe, tenāt
vn bafton blanc en fa main, & allant & venant en
fon rang iufques aux Archeuefques & Euefques,
ayāt auec luy quatre fergēs de ceux de la douzaine.

A cofté des gens dudict Preuoft de Paris, marchoyent ceux du corps de la ville.

Les colleges des Mathurins & Bernardins.

Les Colleges de faincte Croix, Blancs manteaux,
Billettes, fainct Magloire, fainct Victor, faincte Ge
neuiefue, fainct Martin des champs, & fainct Germain des prez.

d.iij.

Les familles des Princes, Cardinaux, & autres
feigneurs habillez en dueil.

Les Efleus, & leurs officiers.

Sainct Marri, S. Germain de l'Auxerrois, fainct
Honnoré, S. Opportune, & autres Colleges.

Le Chapitre Noftre dame de Paris, & la faincte
Chapelle du Palais, entremeflez enfemble à la
main droicte, & ceulx de l'vniuerfité à la main feneftre : De maniere que le Doyen de ladicte eglife
Noftre dame, & le Recteur marchoyent d'vn mef-
me pas enfemble. Et eftoyent entre ledict chappi-
tre & vniuerfité les Chantres dudict feu Sieur Roy.

Les fix vingt cheuaucheurs ordinaires de l'efcuirie du Roy, conduicts par le Sieur du Mas leur con-
treroleur general : fes deux commis & deux threfo-
riers apres luy marchans deux à deux, chapperó en
forme, leur efmail fur l'efpaule.

Les Officiers de l'efcuirie dudict feu Sieur, Re-
cepueurs & Contrerolleur.

Les Pages de ladicte efcuirie, & Caualquadours.

Les Trópettes ordinaires de la maifon du Roy, la
bouche de la trópette réuerfée, & la bãniere ployée.

Le Preuoft de l'hoftel à cheual, fes lieuxtenans &
archiers à pied.

Le Capitaine de la porte auec fes portiers, à pied.

Les cĕt Suiffes aueques leur éfeigne à demi ployée

Les deux cens Gĕtilshommes de la maifon, leurs
enfeignes à moitié defployées.

Les Officiers du commun dudict defunct Roy,

tant de cuisine, eschançonnerie, panneterie, frui-
cterie, fourrerie, & autres.

Les Officiers de la bouche dudict feu Sieur, tant
en cuisine que gobelet.

Le maistre de la chambre aux deniers, Contrerolleur & clercs d'office.

Vallets de garderobbe, Chirurgiens, Vallets de
chambre, & Medecins.

Huissiers de la salle, la teste nue, leur chapperon
auallé.

Les Gentilshómes seruans, & maistres d'hostel à
dextre:& les Generaux des mónoyes, Generaux de
la Iustice des aides, & Chãbre des cóptes, à senestre.

Le Sieur de Chemault, premier vallet trenchant,
à pied, portant le panon du Roy.

Le Chariot d'armes couuert d'vn grand drap
poislé de veloux noir, croisé de satin blanc, enrichi
de seize escussons de France de riche broderie, me-
né par six grands coursiers couuerts de veloux noir
iusques en terre, croisez de satin blanc, guidez par
deux chartiers habillez de veloux noir, la teste nue,
& chapperon rabatu : Estant autour dudict chariot
d'armes, les Armuriers & sommeliers d'armes dudict feu Sieur.

Douze grands coursiers l'vn apres l'autre couuerts
& houssez iusques en terre de veloux noir, croisez
de satin blanc : Sus chacun desquels estoit móté vn
page vestu de veloux noir, la teste nue, le chapperon auallé.

d.iiij.

L'efcuyer Bouloigne portant les efperons dorez.

L'efcuyer de fainct Bonnet portant les gantelets.

L'efcuyer de Leuis, l'efcu du Roy.

L'efcuyer Scipion, la cotte d'armes.

Monfieur de Caruoifin premier efcuyer d'efcuirie, le heaulme Royal timbré à la Royalle d'vn mantelet de veloux violet cramoifi, femé de fleurs de lis d'or, & paré d'hermines, à la couronne clofe à l'Imperiale, vne fleur de lis furpaffant la clofture de ladicte courône: Et eftoyent tous lefdicts Efcuyers portans lefdictes pieces d'honneur, à cheual, en robbes de dueil, chapperon en forme.

Les Aumofniers de la maifon dudict feu Sieur, veftus d'vn roquet fans mantelet.

Les Archeuefques & Euefques à pied, tous mittrez, portans chappes de veloux noir: Monfieur de Cormery maiftre de la chapelle du Roy auec le premier defdicts Euefques à la main feneftre, veftu d'vn roquet & vn mantelet.

Meffieurs les Ambaffadeurs à cheual, habillez en dueil, chapperô fus l'efpaule: chacun d'eux côduict par vn Archeuefque ou Euefque auffi à cheual.

Meffeigneurs les reuerendiffimes Cardinaux de Lorraine, de Bourbon, de Sens, de Chaftillon, & de Guife, auecques leurs chappes violettes & chappeaux rouges.

Le Cheual d'honneur couuert d'vne houffe de veloux violet azuré, femé de fleurs de lis d'or, la bordeure de frange d'or, vne felle & eftriez richement
dorez

dorez, duquel cheual ne ſe voyoit que les yeux : Ledict cheual conduict par les Eſcuyers Mourangies
& Genelieu, par chacun vne reine à pied, chapperon en forme.

Des deux coſtez dudict cheual d'honneur marchoyent douze Rois d'armes du Roy, chapperõ en
forme, veſtus de leurs cottes d'armes ſus leurs robbes de dueil.

Monſieur le grãd Eſcuyer ſus vn grand courſier,
houſſé & couuert de veloux noir, à grãdes croix de
ſatin blanc, portant l'eſpée Royalle en eſcharpe dedans le fourreau de veloux violet, ſemé de riches
fleurs de lis d'or.

Deux huiſſiers de chambre auecques leurs maſ-
ſes, teſte nue, chapperon rabatu.

Monſieur l'Eueſque de Paris, comme Prelat officiant, à dextre pres l'effigie : Et monſieur l'Eueſque
de Meaux, comme Grand aumoſnier dudict feu
Sieur Roy, à feneſtre pres ladicte effigie.

L'effigie du Roy portée par les Gentilshommes
de ſa chambre.

Et autour de ladicte effigie, meſſieurs de la Court
de Parlement de Paris, en robbes d'eſcarlate, leurs
huiſſiers deuant, habillez en dueil : les quatre Preſidens portans chacun vn coing du drap d'or qui e-
ſtoit deſſous ladicte effigie.

Et en ce qui reſtoit de vuide aux deux coſtez de
l'effigie pres ladicte Court de Parlement, marcherent les vingtquatre Archers du corps.

e.j.

Monſieur le Duc de Montmorenci, Pair, Conneſtable & Grand maiſtre de France, chef du conuoy, à dextre, tenant vn baſton peinct de noir con-
tremont: Et monſieur le Duc de Guiſe, Pair, grand
& premier Chambellan portant la banniere de Frā
ce, à feneſtre, montez ſus grands courſiers couuerts
& houſſez de veloux noir, croiſez de ſatin blanc.

Monſieur le Mareſchal de ſainct André premier
gentilhomme de la chambre dudict feu Sieur Roy,
ſus vn autre cheual courſier houſſé.

Le ciel poiſlé à fons de drap d'or frizé, de veloux
violet cramoiſi, azuré, ſemé de fleurs de lis de brode
rie plus plein que vuide, à pentes de meſmes & franges de fil d'or : porté depuis ledict lieu des Tournelles, iuſques a Noſtre dame de Paris, & le lendemain
depuis Noſtre dame iuſques a la porte ſainct Denis, ſortāt de ladicte ville par ſix Eſcheuins d'icelle,
qui a ladicte porte le baillerent à ſix Eſcuyers d'eſcuirie dudict feu Sieur Roy, qui le porterēt iuſques
a la porte de l'egliſe ſainct Denis.

Meſſeigneurs les Ducs d'Orleans, & d'Angouleſme, enfans du defunct Roy, Duc de Lorraine ſon
beau fils, Duc de Montpenſier, & Prince de la Roche-Surion a cheual, portans le grand dueil, & deſſus, le collier de l'ordre : Eſtans pres meſdicts ſieurs
d'Orleans & d'Angouleſme, meſſieurs de Cypierre
& Carnaualay leurs gouuerneurs, à pied, & des autres Princes, vn de leurs gentilshommes.

Les autres Princes de la ſuyte du grand dueil, a

cheual.

L'huiſſier de l'ordre portant vne baguette noire en ſa main, en dueil, chapperon rabatu.

Les Cheualiers de l'ordre ſelon leur ancienneté & ordre, portans le collier de l'ordre ſus leur dueil.

Les Capitaines des gens d'armes : & le reſte des Gentilshommes de la chambre.

Les Pages de la chambre dudict feu Sieur Roy, conduicts par leur gouuerneur.

Les Capitaines des quatre cens archers des gardes auecques leurs enſeignes a demi ployees, ſuyuis de tous les archers de leurſdictes gardes, en robbes de dueil, chapperon en forme, & tous les deſſuſdicts pareillement.

Auquel ordre marcherent tous les deſſuſdicts depuis ledict lieu des Tournelles iuſques a Noſtre dame de Paris, laquelle fut tédue en dueil en la forme qu'il ſera cy apres declairé.

TENTE DE L'EGLISE NO-
ſtre dame de Paris, Chapelle ardente, &
aſſiette des aſſiſtans.

N là rencôtre de ladicte egliſe ſus le hault portail aux deux anges qui y ſont, furent mis & allumez deux grands cierges de chacun dix liures. Au bas & côtre chacune des portes de bois y eut attaché ſus tafetas noir deux eſcuſſons de broderie aux

armes de Fráce, contenans auecques l'ordre & couronne Royalle clofe à l'Imperiale vne aulne & demie de diametre.

La nef, croifée, & toute l'enceincte de ladicte eglife fut tendue de drap noir, & par deffus vn lez de veloux noir femé d'armoiries de France.

Tout le chœur tendu & couuert, pareillement les chaizes, tant haultes que baffes, de drap noir, & par deffus deux lez de veloux noir, femez d'efcuffós aux armes dudict Sieur : Et le parterre entierement couuert de drap noir.

Le grand autel, & autres autels de ladicte eglife garnis de paremens hault & bas de veloux noir, croifez de fatin blanc, & enrichis d'efcuffons de bro derie aux armes dudict feu Sieur, la couróne & ordre autour.

Toute ladicte eglife entre lefdicts piliers & autre circuit d'icelle, chargée de cierges & luminaires à double rangs, de quatre doigts en quatre doigts.

Et pour l'affiette de ladicte effigie & corps dudict feu Sieur Roy, y auoit au chœur de ladicte egli fe Noftre dame vne grande & finguliere chapelle ardente, de quinze pieds en carreure, l'amortiffement de laquelle montoit à fix toifes de hault, garnie de treize clochers tous croifez & recroifez, auec vn nombre infini de luminaire.

Les quatre pignons de ladicte chapelle couuerts & enrichis de quatre grans efcuffons de broderie aux armes deffufdictes, d'vne aulne & demie de dia

metre.　　Le tour de ladicte chapelle enrichi d'vne
pente d'vn lez de veloux noir, frangée de foye & fin
or, & chargée de douze efcuffós de riche broderie.

Soubs ladicte chapelle ainfi aornée fut mis le
corps, fus lequel eftoit l'effigie dudict feu Sieur. A la
tefte de laquelle hors la chapelle ardéte furent affis
mondict Sieur le Conneftable, Grand maiftre de
France, chef du conuoy, fus vn banc couuert de
drap noir, à dextre: & fus vn autre couuert de mefmes à feneftre, mondict Sieur le Duc de Guife, grãd
& premier Chambellan, tenant la banniere de Frãce: Et derriere lefdicts Sieurs fus vn efcabeau, monfieur le Marefchal de fainct André, premier gentilhomme de la chambre. Et entre ladicte effigie &
lefdicts Sieurs eftoit vn banc pour le benoiftier.

Aux pieds de ladicte effigie auffi hors ladicte
chapelle eftoit affis Monfieur le Grand efcuyer,
ayant deux Rois d'armes à fes deux coftez, & monfieur le Grand aumofnier à fa gauche, plus pres de
ladicte effigie.

Au cofté droict, & vn peu deuant ledict Sieur
Grãd efcuyer, eftoit deffus vn efcabeau le Seign̄r de
Chemault, premier vallet trenchant, tenant le panon: Et deuant ledict Sieur Grand efcuyer & Sieur
de Chemault, fus vne felle longue & baffe, eftoyent
les cinq Efcuyers portans le heaulme, la cotte d'armes, l'efcu, les gantelets, & les efperons.

Les cinq Princes portans le grand dueil affis fus
les haultes chaizes du cofté droict: Et au deffous
e.iij.

d'eux, deux chaizes franches, eſtoyent aſſis les Ducs
& autres Princes de la ſuyte du grand dueil en l'ordre & rang qu'ils eſtoyent venus, & les Cheualiers
de l'ordre: Et apres eux, en ce qui reſtoit de ces meſmes chaizes, certain nóbre de ceux de la chambre
des Comptes.

De ce meſme coſté, & aux baſſes chaizes à l'en-
droiĉt de là ou eſtoyent leſdiĉts Princes du grand
dueil, eſtoit aſſis vn des Capitaines des cét Gentils
hommes, & deux des gardes, tenás leurs enſeignes
a demi ployees.   Et ſuyuant ce rang, les Maiſtres
d'hoſtel dudiĉt feu Sieur, parmi eux quatre Chanoi
nes de ladiĉte egliſe: Et en ce qui reſtoit deſdiĉtes
chaizes, aucuns des Conſeillers de la Iuſtice des aides, & des Monnoyes.

Vis a vis dudiĉt grand dueil aux chaizes haultes,
demeurerent cinq chaizes vuides: apres leſquelles
commença le rang de l'aſſiette de Meſſieurs de la
Court de Parlement, & apres eux le Reĉteur, & certain nombre de ceux de l'vniuerſité.

Au commécement des chaizes baſſes de ce meſme coſté, eſtoit aſsis l'autre Capitaine des autres cét
gentilshommes, les deux autres Capitaines des gar
des, le Capitaine des Suiſſes, auecques leurs enſeignes à demi ployees. Et ſuyuant iceux de ce rang,
ceux de la ville de Paris, ayant pres d'eux quatre des
Chanoines de ladiĉte egliſe Noſtre dame, comme
de l'autre coſté.

Au grand autel, monſieur l'Eueſque de Paris Pre-

lat officiant, auecques ſes aſsiſtans pour faire le ſeruice de veſpres de mors dudict iour.

Au coſté dextre vis à vis dudict grand autel ſus
vn banc aſſez long eſtoyent aſsis Meſſeigneurs les
reuerendiſsimes Cardinaux de Lorraine, de Bourbon, de Sens, de Chaſtillon, & de Guiſe.

Au derriere deſquels ſus vn ſiege fut aſsis le ſeigñr
Domp Loys d'Eſt : Et en meſme rang ſus vn autre banc diſtant de deux pieds, partie des Archeueſques & Eueſques : & au derriere d'eux, ſus vn autre
banc, le reſte des autres Eueſques, Abbez & Prelats.

Au coſté feneſtre vis à vis dudict grand autel, &
vis à vis meſdicts Sieurs les Cardinaux, ſus vne longue forme eſtoyét aſsis meſsieurs les Ambaſſadeurs :
Suyuant leſquels & au deſſous ont eſté aſsis les Prelats qui les ont accompaignez.

Au derriere deſdicts Ambaſſadeurs, ſus vn banc
les Gentilshommes de la chambre : & derriere eux
ſus vn autre banc les Gentilshommes ſeruãs. Tous
leſquels bancs eſtoyent couuerts de drap noir.

Le lendemain ſamedi douzieme iour dudict
mois d'Aouſt, le ſeruice ſe continua en ladicte egliſe Noſtre dame en la maniere accouſtumée : Et la
derniere meſſe preſte à celebrer par móſieur l'Eueſque de Paris, diacre l'Abbé de ſaincte Geneuieſue,
& ſoubsdiacre l'Aumoſnier d'Eſſay, chappiers les
Eueſques de Chaallon, d'Eureux, & de Soiſſons :
Meſsieurs les Maiſtres des Cerimonies, & Rois d'ar
mes auecques leurs cottes allerent querir meſdicts

Sieurs les Ducs d'Orleãs, & d'Angoulesme, en fãs du defunct Roy, Ducs de Lorraine, & de Mõtpensier, & Prince de la Roche-Surion, Princes portans le grand dueil, accompaignez des Cardinaux, Connestable, Mareschaux de Frãce, Cheualiers de l'ordre, & Gentilshommes de la chambre, qui estoyent en la grande salle de l'Euesque de Paris: lesquels furent conduicts & menez par la grãde & principale porte de ladicte eglise Nostre dame iusques en leurs sieges, ou chacun se asseit comme le iour precedent au soir à vespres: Et alors commença la grand' messe de Requiem en musique, à l'offrande de laquelle fut procedé comme sensuit:

L'Euesque de Paris tournant la face vers les Princes, la platine en la main, assisté de tous ses diacres & ministres, vn Roy d'armes faisant grandes reuerences vers l'autel, puis au corps du feu Roy, aux Princes du grand dueil, aux Cardinaux & aux Ambassadeurs, tira au coing dudict grand autel pour prendre d'vn clerc de chapelle du feu Roy le premier cierge de cire vierge pesant quatre liures, ayãt quatre escus fichez en la poincte: lequel receu il porta auecques semblables reuerences au retour comme à l'aller iusques deuant Monseigneur le Duc d'Orleans premier Prince du grand dueil: Et lors vn des maistres des Cerimonies apres grandes reueren ces conduict ledict Sieur Duc d'Orleans à l'offrande, marchant tousiours deuant eux ledict Roy d'armes portant le cierge. Tous lesquels ensemble feirent

rent reueréces defcendáts du fiege, à Dieu vers l'autel, puis fe retournerent vers le corps du feu Roy, &
paffants le lóg du chœur, à meffieurs les Cardinaux,
& à mefsieurs les Ambaffadeurs, & vne autre reue-
réce audict Euefque officiant : Apres laquelle ledict
Sieur Duc d'Orleans baifa la platine . Adonc ledict
Roy d'armes meit le cierge es mains dudict maiftre
des Cerimonies, lequel le prefenta à mondict Sieur
le Duc d'Orleans : Et iceluy auecques humble reue-
rence le prefenta à l'Euefque, qui le receut, & bailla
à fon diacre.

L'offrande ainfi faicte, ledict Seigneur Duc d'Orleans fut reconduict par le maiftre des Cerimonies,
le Roy d'armes deuant eux, en pareilles reuerences au retour comme à l'aller iufques en fon fiege :
durant lefquelles reuerences les Cardinaux & Ambaffadeurs fe leuoyent & rendoyent plus humbles
reuerences.   Et en ceft endroict fault noter pour
brieueté, que les autres Maiftres des Cerimonies &
vn Roy d'armes conduirent les autres Princes du
grand dueil, Ducs d'Angoulefme, de Lorraine, &
de Montpenfier, & Prince de la Roche-Surion l'vn
apres l'autre, en la propre maniere d'aller querir les
cierges, & de faire les reuerences, comme auoit efté
conduict mondict Sieur le Duc d'Orleans à la premiere offrande.

L'offrande paracheuée, Dauphiné Roy d'armes
alla querir mófieur l'Euefque de Tholó, & l'amena
deuant ledict Euefque de Paris, duquel il receut la

f.j.

benediction : puis le conduiſit ledict Dauphiné
iuſques en vne chaize aſſiſe au milieu du chœur
couuerte de veloux noir, vn ciel deſſus de meſmes:
Et lors commença l'oraiſon funebre, laquelle dura
enuiron vne heure.

Apres ladicte grande meſſe dicte, leſdicts Princes
de dueil furent recõduicts par leſdicts maiſtres des
Cerimonies, les Rois d'armes deuant eux. Et lors
vn chacun ſe departit pour aller diſner.

Puis enuiron vnze heures, les proceſsions & tous
autres eſtats tant de la ville de Paris, que de la Court
& ſuyte du Roy, Cardinaux, Princes, & tous autres
notables perſonnages partirent de ladicte egliſe
Noſtre dame de Paris, au meſme ordre, rãg & marche qui auoit eſté tenue le iour precedent depuis les
Tournelles iuſques audict lieu Noſtre dame de Paris. Et en ceſt eſtat cheminerent iuſques a ſainct La-
dre hors la ville, là ou chacun peut monter à cheual
pour le ſoulagement de ſa perſonne, iuſques à la
croix qui panche pres ſainct Denis : Auquel lieu le
Prieur & Religieux dudict ſainct Denis vindrent re
ceuoir le corps & ladicte effigie de la main dudict Eueſque de Paris : lequel feit l'oraiſon audict
Prieur comme ſ'enſuit:

MOnfieur le Prieur, ie vous certifie
comme Euefque de Paris, indi-
gne, que le corps de feu d'heureu-
fe memoire Henri par la grace de
Dieu Roy de Fracc Trefchreftié,
deuxieme de ce nom, lequel eft
gifant en ce cercueil, à rendu fon efprit à Dieu en
mon diocefe, comme Prince fidelle, autant catho-
liquement & religieufement, auecques l'admini-
ftration de tous les faincts facremens de noftre mere faincte eglife, que Prince Chreftien pourroit ia-
mais faire: & pource qu'il a efleu fa fepulture en vo-
ftre eglife fainct Denis aupres des Rois fes prede-
cefleurs, ie l'ay conduict iufques en ce lieu pour
vous certifier les chofes fufdictes: vous affeurant de
rechef en foy de Prelat, au diocefe duquel il eft
mort, que vous ne debuez faire difficulté de le receuoir de mes mains pour le conduire & honnorer
au lieu de fa fepulture, & luy faire adminiftrer les
feruices diuins accouftumez aux Princes fidelles &
Rois Trefchreftiens de fa qualité, qui meurent fi-
dellement en noftre Sauueur Iefus Chrift.

L'ORAISON RESPON-
fiue dudict Prieur.

f.ij.

Onseigneur, estât certain tant de voſtre preudhômie & vertus accouſtumées dont vous vſez en voſtre dignité Epiſcopale, ie ne doute point qu'il ſoit autrement de la Treſchreſtienne fin & treſcatholique treſpas de feu bien heureuſe memoire le Roy Henri deuxieme de ce nom, que Dieu abſolue: Pourtant ne feray aucune difficulté de le receuoir ſous voſtre parolle, vous aſſeurât que de ma part & de tout le corps des religieux de ſainĉt Denis luy ſera faiĉt tel deuoir, tant en ſeruice diuin, cerimonies eccleſiaſtiques, & reuerences deües a ſon enterrement: que ſon corps ne ſera en rien fruſtré de ſa ſainĉte intention de l'eſtat & lieu de ſa ſepulture. A tât ie vous ſupplie vous en tenir bien deſchargé, & en m'en chargeant vous aſſeurer, que de tout ce que ie vous promets n'en ſera rien oublié.

Et alors les quatre Preſidens reprindrent les quatre coings du drap d'or eſtant deſſous l'effigie qu'ils tindrent iuſques dedâs l'egliſe ſainĉt Denis: laquelle fut trouuée tendue en dueil, tant en chœur, Chapelle ardente, ceinĉture armoiriée, & luminaire ardent, & generalement tous autres aornemés, comme l'egliſe Noſtre dame de Paris.   Et fault noter que le Seigneur Cardinal de Lorraine, abbé dudiĉt ſainĉt Denis, accompaigné de pluſieurs Archeueſques & Eueſques, tous en leurs habits pontificaux, vint receuoir le corps à l'entrée de la porte de ladi-

cte ville sainct Denis, estant à pied: & le conduisit,
& ses religieux deuant luy, iusques en ladicte eglise.

Le corps & effigie reposans sous la chapelle ardente, les Princes dudict grand dueil assis en leurs
sieges, & tous Prelats & Seigneurs, selon leur digni-
tez & qualitez, comme il est declairé cy dessus en
l'ordre de l'eglise de Paris : furent commencees les
vespres des morts par ledict Sieur Cardinal de Lorraine abbé de sainct Denis: apres lesquelles & l'eaue
beneicte donnée, chacun se retira en son logis.   Et
la nuict ensuyuant fut ostée l'effigie de dessus le cercueil ou estoit le corps dudict feu Sieur, qui demeu-
ra sous ladicte chapelle ardente, couuert dudict
drap d'or, la couronne, sceptre & main de Iustice,
en telle maniere qu'il estoit sus les treteaux à Paris
en la salle de dueil.

Apres les quatre grandes messes celebrees par
Archeuesques & Euesques le dimanche treizieme
dudict mois d'Aoust, iour de l'enterrement, ledict
Sieur Cardinal de Lorraine, abbé de S. Denis, re-
uestu des aornemens de sa dignité, serui pour diacre de mósieur l'Euesque de Chaallon en Bourgoigne, pour sousdiacre de monsieur l'Euesque d'E-
ureux, auecques leurs ministres accoustumez : &
pour chappiers Messieurs les Euesques de Soissons,
de Chartres, d'Auxerre & de Laon: se presenta deuant la face du grãd autel en la chaize pour luy preparée en attendant la venue des Princes du grand
dueil, & autres d'estats dessus declairez, pour cele-

brer la derniere meſſe de Requiem , & faire l'office
de l'enterrement, auecques les ſuffrages & purifications accouſtumées.

Leſquels Princes du grand dueil & eſtats deſſuſdicts meſſieurs les Maiſtres des Cerimonies & Rois
d'armes furent querir en la grand'ſalle de leur aſ-
ſemblée, pour les conduire par la grande porte de
l'egliſe ſainct Denis chacun en ſon ſiege, comme
ils eſtoyent le iour precedent. Et iceux aſſis, módict
Sieur reuerendiſsime Cardinal commença la meſſe
de l'enterrement , laquelle fut reſpondue en muſique par les chantres de la chapelle du feu Roy fort
ſolemnellement: l'offrande de laquelle fut obſeruée
en la meſme façon ordre & marche, que l'offran de
de Noſtre dame de Paris.

L'offrande finie, l'vn des maiſtres des Cerimonies & le Roy d'armes Dauphiné allerent querir
derriere l'autel ledict Sieur Eueſque de Tholó pour
le conduire vers mondict Sieur le Cardinal de Lorraine receuoir ſa benedictió: Apres laquelle receue,
ils le conduirent en la chaize preparée comme à
Noſtre dame de Paris , pour continuer la peroratió
de ſa premiere oraiſon funebre , par luy comméceé
le iour precedent en ladicte egliſe Noſtre dame.

Apres qu'en l'honneur & gloire de Dieu, en prieres & oraiſons pour l'ame du defunct Roy, la derniere meſſe fut deuotement celebrée, les Maiſtres
des Cerimonies ayant mis en main des Princes or-
donnez pour porter la main de Iuſtice, le ſceptre, &

la couronne Royalle, qui estoyent sus le corps dudict feu Sieur Roy, & soubdainement faict oster
les draps mortuaires d'or & veloux dessusnommez:
Les Gentilshommes de la chambre aidez d'aucuns
Archers du corps, leuerēt le corps dudict feu Sieur
Roy, & le porterēt sus le bort de la fosse: En laquelle estant descendu chascun rang des estats, demeurant en sa place, ledict Sieur reuerendissime Cardinal de Lorraine Prelat officiant, se presenta sus le
bort de ladicte fosse, assisté d'Archeuesques, Euesques & Prelats, & suyui de ses ministres commença
les prieres, suffrages, oraisons & purifications accou
stumees aux enterremens des Rois Treschrestiens:
Puis apres le dernier *Libera*, & qu'il eut iecté de la ter
re sus le corps, & donné la derniere eaue beneicte,
& dict *Requiescat in pace*, & le chœur ayant respon-
du, Amen: Lesdicts Gentilshommes de la chambre
se retirans en leurs sieges, ledict Sieur Cardinal sasseit assisté de ses Prelats à l'vn des bouts de ladicte
fosse vers l'autel, & monsieur le Duc de Montmorenci, Connestable, & Grand maistre de France,
chef du conuoy, sasseit à l'autre bout de ladicte fosse deuers les chaizes, messieurs les Maistres des Cerimonies estans aupres de luy: Et le Roy d'armes
Vallois au milieu de la fosse, pour appeler tous les
Princes & seigneurs qui portoyent les pieces d'honneur, pour les venir deposer sus la fosse: Au premier pas de laquelle estoit establi le Roy d'armes
Dauphiné pour les receuoir auecques vn tafetas, &

f.iiij.

les porter à autres Rois d'armes estans au fons de la
fosse, pour les disposer. Auquel ordre & appellation
fut procedé à haulte voix comme sensuit:

Rois d'armes, Venez faire vostre office.   Et incontinent apres ceste voix vindrent tous les Rois
d'armes & heraults l'vn apres l'autre en grandes reueréces sus la fosse, osterent leur chapperõ de dueil,
& deuestirent leurs cottes d'armes, qu'ils estendi-
rent sus le cercueil.

Mõsieur le Duc de Buillon, Apportez l'enseigne
de la garde des Suisses dont vous auez la charge.

Mõsieur de Brezay, Apportez l'enseigne des cẽt
archers de la garde dont vous auez la charge.

Monsieur de Chauigny, Apportez l'enseigne des
cent archers de la garde dont vous auez la charge.

Monsieur de la Ferté, Apportez l'enseigne des cẽt
archers de l'ancienne garde Françoise dont vous
auez la charge.

Monsieur de Lorges, Apportez l'enseigne des
cent archers de la garde Escossoise dont vous auez
la charge.

Monsieur le Conte de Sanxerre, Apportez l'enseigne des Cent gentilshommes de la maison dont
vous auez la charge.

Monsieur de Boisy, Apportez l'enseigne des cent
Gentilshommes dont vous auez la charge.

Ce que chacun feit en son endroict auecques reuerences accoustumees.

Continuant appela , Monsieur l'Escuyer Bouloigne,

loigne, Apportez les esperons.

Monsieur l'Escuyer sainct Bonnet, Apportez les gantelets.

Monsieur l'Escuyer de Leuis, Apportez l'escu du Roy.

Monsieur l'Escuyer Scipion, Apportez la cotte d'armes.

Monsieur de Caruoysin premier Escuyer, Apportez le heaulme timbré à la Royalle.

Ce qu'ils feirent tous auecques les reuerences accoustumées, les presentant audict Dauphiné.

Monsieur de Chemault, premier vallet trenchant, Apportez le panon du Roy.

Monsieur le grand Escuyer, Apportez l'espée Royalle. Ce qu'il feit, retenant le bout de la ceinture pour la releuer en temps & heure.

Monseigneur le Duc de Guise grand & premier Chambellan, Apportez la banniere de France. Ce qu'il feit, retenant la poignée de la lance pour la releuer en temps & heure.

Monseigneur le Duc de Montmorenci Grand maistre de France, chef & conducteur du conuoy, Venez faire vostre office. Et apres ceste voix tous les Maistres d'hostel vindrent auecques reuerences iecter leurs bastons en la fosse : Et ledict Sieur Grãd maistre y meit le bout du sien, retenant l'autre bout pour le releuer en temps & heure.

Mõsieur le Marquis d'Albeuf, Apportez la main de Iustice.

g.j.

Monſieur le grand Prieur de France, Apportez le ſceptre Royal.

Monſieur le Prince de Iainuille, Apportez la courône Royalle cloſe à l'Imperiale. Ce qu'ils feirent tous auecques reueréces: & les baiſant les baillerent audict Dauphiné Roy d'armes pour les mettre en la foſſe.

Toutes les pieces d'honneur depoſées comme deſſus, & que chacun fut retourné en ſon ſiege, môdict Sieur le Conneſtable Grand maiſtre de France & chef du côuoy, ſe leua, & dict en moyenne voix, Le Roy eſt mort. Puis le Roy d'armes faiſant trois pas au milieu du chœur, reprint la meſme parolle, & dict à hautevoix, Le Roy eſt mort, Le Roy eſt mort, Le Roy eſt mort : Priez tous Dieu pour ſon ame. Lors chacun ſe meit à genoux en prieres & oraiſons : non ſans larmes & pleurs, pour le regret d'auoir perdu vn tant bon Roy, tant bon Seigneur & maiſtre.

Et enuiron le temps de trois patenoſtres apres, ledict Sieur Conneſtable Grand maiſtre ſe leua de rechef, retira ſon baſtô hors de la foſſe, & dict, Viue le Roy : Puis ledict Roy d'armes reprint ſa meſme parolle, & à haülte voix dict, Viue le Roy, Viue le Roy, Viue le Roy François deuxieme de ce nom, par la grace de Dieu Roy de Fráce Treſchreſtié, noſtre treſſouuerain Seigneur & bon maiſtre : auquel Dieu doint tresheureuſe & treſlongue vie : Viue le Roy François. Adôc Guyenne autre Roy d'armes

eſtant ſus le poulpitre de ladicte egliſe reprint les
meſmes parolles.   Apres leſquelles recitées à haulte voix, commencerent à ſonner toutes les trom-
pettes, tabourins & fiffres dudict Sieur Roy.

Et lors ledict Sieur Duc de Guiſe, grand & premier Chambellan, releua la banniere de France, &
ledict Sieur grand Eſcuyer, l'eſpée Royalle.   Cela faict, les Princes du grand dueil furent recon-
duicts en la ſalle du feſtin funebre : & ledict Sieur
Conneſtable auecques les Princes & Seigneurs qui
auoyent porté les pieces d'honneur, ſe retira en vne
autre ſalle pour diſner.

Les graces dictes, & apres que en la grande ſalle
les Princes & Prelats ſe trouuerent, & tous les Gentilshommes de la chambre, Gentilshommes ſeruans, & les officiers domeſtiques dudict feu Sieur
Roy: ſemblablement meſſieurs de la Court de Parlement, Chambre des comptes, Generaux de la Iuſtice, Generaux des monnoyes, & L'hoſtel de la ville de Paris : ledict Sieur Cóneſtable Grand maiſtre
de France, chef du conuoy, dict aux officiers de la
maiſon, ce qui enſuit:

Meſſieurs, il a pleu à Dieu appeler de ſa part le
feu Roy noſtre ſouuerain Seigneur & bon Maiſtre,
au milieu du chemin qu'il auoit entreprins pour
parfaire plus grandes choſes qu'il n'auoit encores
faict : & meſmement pour le bien & ſoulagement
de ſon peuple & ſubiects, & recognoiſtre les ſeruices de ſes bons ſeruiteurs : Neantmoins puis qu'il a

pleu à Dieu que ainſi ſoit,il nous fault tous confor-
mer à ſa ſainĉte volóté. Au demeurãt,ſ'il y a choſe
en quoy ie vous puiſſe faire plaiſir,ie m'y employe-
ray de bon cueur, & vous preſenteray au Roy ſon
fils noſtre ſouuerain Seigneur, vers lequel ie vous
ſeray teſmoing des ſeruices que vous auez fidelle-
ment & loyaument faiĉts : me confiant en ſa natu-
relle bóté, que vous ne ſerez delaiſſez,ne demoure-
rez impourueus . Et affin que vous ſachez que vous
n'auez plus d'eſtat en la maiſon , ie romps en voſtre
preſence ce baſton.

Lequel baſton eſtoit peinĉt de noir, & autre que
celuy qu'il auoit retiré de la foſſe : qu'il retint touſiours entier.

F I N.

EXTRAICT DV PRIVILEGE.

L *A Court & Chãbre ordõnée au temps de uacatiõs,*
apres auoir ueu la requeſte à elle preſentée par R o-
bert Eſtienne Imprimeur & libraire demeurãt à Pa-
ris,& le conſentemẽt du Procureur General du Roy:
A permis & permet audiĉt ſuppliãt imprimer ou
faire imprimer & expoſer en uente Le Treſpas &
ordre des Obſeques, funerailles & enterrement de feu de tresheureuſe memoire le
Roy Henri deuxieme de ce nom,&c. Et ce iuſques au temps & terme de
trois ans prochainement uenants finis & accomplis: Inhibant & defendant à
tous aultres Imprimeurs & libraires, imprimer, faire imprimer, ou expoſer en
uente lediĉt Treſpas, &c. Sur peine d'amende arbitraire, & de confiſcation de
ceux qui autrement ſe trouueront imprimez. Faiĉt en Parlement en ladiĉte
Chambre des uacations le deuxieme Octobre, M. D. L I X.   Signé

C A M V S.